LA

LIBERTÉ DES THÉATRES

Au point de vue de la Province

LA LIBERTÉ
DES
THÉATRES

AU POINT DE VUE DE

LA PROVINCE

PAR

Ch. LAVAL

PARIS

LIBRAIRIE THÉATRALE, BARBRÉ, ÉDITEUR

12, BOULEVARD SAINT-MARTIN

—

1864

PRÉFACE

—

Lisez, analysez et réfléchissez-y bien, — de l'attaque dépend souvent l'issue d'une victoire. — Les deux Corps sont en présence. — Si vous ne serrez vos colonnes, vous serez battus en brèche. — Vous avez une amie dans la place — *La Liberté*, — n'en faites point fi, comme un fils ingrat le ferait de sa mère, et, quelle que soit la bataille, ou rangée, ou même de *guérillas*, sagement conduite, elle doit, quel que soit le temps, vous faire emporter l'assaut.

Ch. LAVAL.

LA

LIBERTÉ DES THÉATRES

Au point de vue

DE LA PROVINCE

—

(Décret du 6 janvier 1864, qui, en vertu de la loi des 16-26 août 1790, et celles des 19-22 juillet 1791, abolit les priviléges de théâtre.)

Sans nous occuper de l'époque où ces lois furent abrogées, ce qui ne nous fournirait qu'une longue phraséologie sans intérêt, disons tout d'abord dans quel état de choses, tant pour l'auteur que pour l'artiste, cette abrogation a placé l'un et l'autre.

L'auteur, à qui tant de voies indépendantes étaient ouvertes par la liberté, s'est vu tout à coup relégué dans un coin par le privilége qui s'est rétabli et qui n'a pas tardé à tout monopoliser.

La liberté des théâtres avait, sinon fait éclore des talents, mais en avait révélé qui, sans elle, seraient à jamais demeurés inconnus, et, par conséquent, auraient privé la France de plus d'une illustration dont elle a pu s'enorgueillir. Elle servit donc incontestablement à ouvrir bien des portes, que, depuis, le privilége réintégré a tenues constamment fermées ; de là, la pénurie de bons ouvrages, et, par conséquent, le commencement de la décadence qui a frappé au cœur l'art dramatique.

Je ne prétends pas dire ici que, depuis, il ne se soit produit aucune pièce vraiment littéraire et digne de la scène française.

Nous avons eu *MM. Victor Hugo, Casimir Delavigne, Alexandre Dumas, Émile Augier, Ponsard, George Sand*, qui se sont illustrés, et dont, à juste titre, la France peut s'enorgueillir aujourd'hui ; on pourrait à ces noms en ajouter qui aussi pourraient revendiquer leur part de succès, j'en conviens, mais, à côté de ces élus, combien aussi ont végété, ont langui, faute de ne pouvoir se produire ! A combien de portes n'ont-ils pas dû frapper, qui toutes leur sont restées fermées ! Que d'humiliations ne leur a-t-il pas fallu subir sans autre résultat que de se voir vieillir à côté de chefs-d'œuvre peut-être ! et ainsi repoussés de toutes parts, plus d'un a pu mourir d'inanition ou sur un grabat d'hôpital, à l'exemple des *Malfilâtre* et des *Gilbert*.

Ah ! s'il était possible (et je ne vois pas pourquoi cela ne le serait pas) que le gouvernement nommât une commission d'hommes capables, honnêtes, impartiaux, n'ayant qu'un but, l'amour de l'art, amis des lettres, avec la mission de fouiller tous les cartons des administrations théâtrales ! Ils y trouveraient, sans nul doute, plus d'un manuscrit signé de noms inconnus, qui, depuis quelque trente ans, sont restés enfouis dans la poussière, et qui ne sont tout simplement, peut-être, que des chefs-d'œuvre qui n'ont pas même eu les honneurs de la lecture.

A qui s'en prendre, me direz-vous ? A qui le devons-nous ? Je vais vous le dire : d'abord, *au monopole*, — ce vil accapareur qui, s'il pouvait s'emparer de la direction du soleil, n'en laisserait tomber de rayons sur le monde entier que bien juste ce qu'il lui faudrait pour qu'il ne restât pas complétement dans l'obscurité ; — *à l'intrigue* qui, dédaignant toujours la ligne droite, pratique secrètement des chemins détournés pour arriver à son but ; — *à la flatterie,* cette vile et honteuse prostituée qui se glisse dans tous les rangs de la société, et dont les caresses tartuffiennes ne servent qu'à surprendre nos consciences pour tout exploiter à son profit.

Voilà ce qu'a créé le privilége et ce que la liberté qui nous est rendue doit détruire.

Il y a bien longtemps que la gent artistique aspirait à cette suppression ; aujourd'hui ses vœux sont accomplis, et voilà qu'elle s'en effraye. Sans chercher à rien s'expliquer, elle se demande quels en seront les résultats ; elle en arrive même au point de les redouter d'avance ; pourquoi ? Soyons logiques avant tout, et cherchons, s'il se peut, à nous entendre. Pourquoi toutes ces récriminations, tous ces rapports, tous ces articles de journaux, tous ces projets de réforme, étudiés et couchés tant de fois sur le papier, et qui, par l'intermédiaire de M. le baron ***, madame la marquise de ***, le comte de ***, etc., etc., etc., ont été présentés à l'Empereur? Ce devait être nécessairement dans un but d'amélioration ; donc, si l'on demande amélioration d'une chose, c'est qu'indubitablement elle est reconnue sinon mauvaise, du moins insuffisante, et cela surtout se comprend quand il s'agit de l'existence de plusieurs milliers d'individus.

Qu'a-t-on fait aussi? On en a tenu compte, dans les hautes régions, on a tout vu, tout entendu, tout lu, enfin tout compulsé ; on a fait toutes les recherches possibles, qui pouvaient, en même temps qu'elles devaient servir à rehausser l'art qui, chaque jour, tombait en décrépitude, concilier aussi l'intérêt des artistes. Quoi donc exiger de plus? Qu'avons-nous demandé? Que voulions-nous? Que demandons-nous encore?

La liberté est, dans son acception vraie, si peu comprise par vous, Messieurs les artistes, que chaque fois que son nom est prononcé devant vous, il vous semble voir se renouveler ces mauvais jours où, en son nom, tant de faux apôtres, prétendant la déifier, ont constamment conspiré contre elle, et n'ont pas manqué de l'étouffer à sa naissance. Il serait à regretter, Messieurs, que l'on vous accusât de chercher à en faire autant de celle qui, si gracieusement, vient de vous être octroyée.

Vous vous êtes imaginé que la liberté des théâtres ne serait efficace et ne pouvait avoir de bons résultats que pour Paris. En parlant ainsi, vous oubliez sans doute que Paris a toujours joui de la liberté, en ce sens que chacun de ses théâtres joue son genre. Voyez la *Porte-Saint-Martin*, la *Gaîté*, l'*Ambigu*, n'ont-ils pas, jusqu'à présent, exploité séparément, avec plus ou moins de succès, des pièces selon le goût de leur public respectif? Le *Gymnase*, autre genre, mais aussi que le goût de son public a consacré par son auteur favori, feu Scribe; le *Vaudeville*, les *Variétés*, le *Palais-Royal*, chacun fournit, soit au bon goût, soit à la fantaisie, ce qui peut plaire à son public.

Le 1er juillet, quelques-uns de ces théâtres, vu le décret du 6 janvier, ont cru devoir inaugurer la liberté par l'exhibition du répertoire classique, je ne sais trop pourquoi ; néanmoins cela a prouvé, de la part de

Messieurs les directeurs, le goût du vrai et du beau, en même temps que cela a fait, une fois de plus, ressortir le talent incontestable de M. *Dumaine*, qui a prouvé dans Tartuffe qu'il pourrait bien, dans un avenir très-prochain, prendre droit de cité dans la maison de l'immortel *Molière*.

Ne voilà-t-il pas déjà un des bienfaits de la liberté dont Paris a pris l'initiative ? Le public applaudissait *Molière* à la *Porte-Saint-Martin* comme il le fait à la rue *Richelieu*, seulement, comme dit ce bon M. *Bassecour* dans *les Faux Bonshommes*, cela plaisait, mais ne pouvait durer ; *c'est bien, c'est beau, c'est parfait, on ne saurait mieux faire*, seulement chaque chose a son temps et son engouement. Mais comme il serait injuste de tuer le genre moderne au profit de l'ancien qui peut avoir vieilli, mais qui, quoi qu'on en dise, ne mourra pas, car les *Molière*, *Racine*, *Corneille*, *Voltaire*, sont immortels, il a fallu, néanmoins, n'être point ingrat pour son époque et revenir le plus vite possible à ses moutons, en laissant à César ce qui appartient à César.

Vous le voyez, messieurs, vous n'avez donc point

tant à craindre de la concurrence ; elle ne peut porter de préjudice à personne, elle ne peut que stimuler et amener de bons résultats, surtout si elle remplit le but auquel on l'a destinée. Avec de bons ouvrages, *instruire et moraliser le peuple*, voilà le but de l'œuvre déjà commencée, et qui ne peut que mener tout à bien.

D'abord, en quoi voyez-vous que cette liberté n'est pas pour vous le salut ? Est-ce par la concurrence qui va s'établir entre les entrepreneurs qui vont obtenir de l'autorité d'élever un troisième théâtre dans une ville où, jusqu'alors, il n'y en avait que *deux* ? *Deux monopolisés* par le privilége, qui faisaient du *comédien* proprement dit la victime d'un genre qui ne peut vivre de ses propres ressources, et qui ne venait à combler le vide de sa caisse que par le surplus de vos recettes ? Est-ce parce que, jusqu'à présent, assimilés forcément à ces deux genres, par la pénurie de l'un et la fortune de l'autre, vos deniers, passant dans la caisse du premier, ne vous ont faits jusqu'à ce jour que les glaneurs poussant au char de la moisson faite par vous, et dont il ne vous restait pour toute subsistance que quelques épis échappés de la gerbe ? Prétendriez-vous vous en contenter aujourd'hui, quand, il y a peu de temps encore, vous la *trouviez mauvaise* ? Ah ! Messieurs, s'il en était ainsi, que votre désir fût de revenir au régime du passé, je me verrais forcé de reproduire cette phrase d'un homme d'État qui, quoique peu sympathique à la chose publique, a dit dans un de ses discours : « Le peuple est et sera toujours le peuple ; travaillez dans ses intérêts, vous en faites un ingrat. Ce qu'on acquiert aujourd'hui pour lui, il ne saura pas le conserver demain. »

Mais me direz-vous, est-ce que nous sommes du peuple, nous ? A cela je répondrai : oui, Messieurs, oui, vous êtes et vous n'êtes tout bonnement que les ouvriers de l'intelligence, c'est-à-dire les interprètes de la pensée de celui qui a créé ; votre mission est belle et noble, sans doute, dans cet art de la reproduction des types de l'histoire et de la pensée de l'auteur qui, quelquefois par vous, il est vrai, d'après les inspirations de votre génie, découvre dans son ouvrage des beautés, où il n'avait vu que sa plume glissant sur le papier et rien de plus. Voilà où vous devenez les créateurs et parfois même aussi grands, aussi sublimes que l'auteur. Mais revenons aux droits acquis par le décret du 6 janvier 1864.

D'où ces droits émanent-ils ? des principes de 89, principes sous lesquels nous sommes régis, et dont nous n'avons qu'à louer et glorifier l'Empereur Napoléon II de les avoir acceptés pour base de l'édifice social sous les arceaux duquel, dans un avenir prochain, devron indubitablement venir s'abriter tous les peuples de l'Europe. Que ces principes ne soient pas compris par tous, ou mêmes niés par d'aucuns, à cela je répondrai N'y a-t-il pas dans le monde, ne fût-ce (pour ne pas parler de mauvaise foi) que par esprit de contradiction des gens qui nieraient le jour en plein soleil ?

Quelque frein que certains intéressés prétendraient mettre, le progrès marche, et c'est en vain qu'on essayerait de l'arrêter. Sans parler ici politique, le gouvernement l'a si bien compris, qu'il n'est pas une classe de la société qui ne soit l'objet constant de sa vive sollicitude. Et la preuve nous en est donnée par le décret du 6 janvier.

Je l'ai déjà dit plus haut, je ne parle ici principalement qu'au point de vue de la Province ; que s'y est-passé jusqu'à ce jour ?

Dans une de ces villes, comme Lyon, Bordeaux, Marseille, Rouen, Toulouse, il y a deux théâtres. Ces deux théâtres étaient exploités par un seul directeur, pourquoi ? Pourquoi ? parce que les autorités ont toujours reconnu que, malgré la subvention quelquefois fabuleuse que la ville accordait au grand théâtre, dit *Opéra*, ne pouvait suffire à ses énormes dépenses. Ici, il ne s'agit que d'une question de chiffres qu'il importe de mettre sous les yeux du lecteur, afin qu'il comprenne bien de quel côté est la vérité. Prenons d'abord Bordeaux comme preuve de ce que nous avançons ici. Bordeaux à deux théâtres. Il y a quelque trente ans, au temps ou l'art était florissant, où le *Grand Opéra*, l'*Opéra-Comique* de Paris fournissaient au répertoire des pièces qui sont restées des chefs-d'œuvre d'art et de poésie, où la musique, qui, quoique moins bruyante que celle d'aujourd'hui, avec ses grands coups de *tam-tam*, n'en était pas moins savante, où, en un mot l'on n'accusait pas l'art de tomber en décadence, le grand théâtre de Bordeaux avait une troupe d'opéra, un ballet, une double troupe d'artistes jouant la tragédie et le haut trottoir. On ne pouvait faire les recettes que l'on fait aujourd'hui, car le prix des places était moins élevé qu'il ne l'est de nos jours. Les subventions, si tant est qu'il y en eût à cette époque, ne montaient pas au quart du chiffre où elles en sont arrivées aujourd'hui. Cependant, on ne voyait point alors, Messieurs les directeurs, chaque fin de mois, faire feu de tout bois pour arriver au moyen de payer leurs artistes; les recettes suffisaient, et le directeur, sans avoir besoin de prendre, ainsi que cela se pratique aujourd'hui, 40 *jours* pour en *payer* 30, soldait carrément ses pensionnaires, et il lui restait encore de l'argent en caisse. Savez-vous pourquoi? c'est qu'à cette époque de l'âge d'or (car on peut l'appeler ainsi), on payait un bon ténor de 6 à 800 francs par mois, et qu'aujourd'hui on le paye 4,000 fr. (quatre mille francs) par mois.

Il est de notre devoir de poser ici des chiffres, afin qu'on ne nous taxe ni d'impartialité ni d'exagération; nous allons donc mettre sous les yeux de nos lecteurs les deux genres en regard l'un de l'autre, leurs dépenses, leurs ressources, et l'on jugera si, à cet état de choses, la liberté des théâtres ne vient pas comme un phare nouveau dont les rayons lumineux nous font voir l'écueil d'où tant de victimes n'ont pu échapper au péril, et que nous pouvons éviter maintenant.

Tableau des deux Troupes et leurs Dépenses

DRAME — COMÉDIE		OPÉRA — BALLET	
1er Rôle..............	500 f.	1er Ténor sérieux......	4,000 f.
Jeune 1er Rôle.... ...	400	Ténor léger...........	3,000
1er Rôle marqué.......	400	Ténor doubl. les 2mes...	2,500
Jeune 1er Amoureux...	350	1er Baryton...........	2,000
1er Amoureux de vaud..	300	Second Ténor, 1er au bes.	1,500
1er Rôle (Lafont).......	400	1re Basse grave........	2,000
1er Comique (Arnal)....	400	1re Basse bouffe.......	1,200
1er Comique de Genre..	400	2me Basse g. op. baryton.	800
2me Premier Rôle, grand		3me Basse.............	400
3me Rôle...........	350	Ténor comique grime...	500
2me Amoureux des 1ers..	200	Ténor grime....	300
3me Amoureux.........	150	Grand Coryphée.......	250
Second Comique.......	200	2me Coryphée.........	150
Financier, père noble...	300	1re forte Chanteuse.....	4,000
Comique Grime........	200	1re Chanteuse légère....	3,000
Grande Utilité........	200	Jeune Chanteuse doubl..	2,000
Rôle de Convenance. ..	150	1re Dugazon, je Chanteuse	1,200
Utilité...............	100	2me et 1re au besoin.....	600
Régisseur général......	400	1re Duègne, mère Dug..	600
2me Régisseur.........	150	Duègne d'opéra comique	500
Souffleur.............	100	Chef d'orchestre.......	500
1er Rôle femme........	500	2me Chef.............	300
Jeune 1er Rôle........	400	Chœurs...............	3,500
1re Amoureuse, jeune 1re	300	Régisseur.............	500
2me Amoureuse.........	200	Caissier-Contrôleur.....	600
3me Amoureuse........	150	2me Régiss., p. au public.	250
1re Soubrette........	400	3me Régisseur.........	150
2me Soubrette.........	200	Bibliothécaire.........	100
Coquette.............	200	Loyer de la Salle.......	2,000
Duègne caractère......	300	1er Danseur...........	500
2me Duègne...........	250	1er Maître de Ballet. ..	500
Convenance......	100	2me Maître de Ballet...	300
Utilité...............	100	2me et 1er Danseur.....	300
Orchestre, y compris le		3me Danseur...........	150
chef..............	1,500	Danseur comique......	300
Chœurs, figurants......	1,000	1er Mime.............	300
Loyer de la Salle......	2,000	2me Mime.............	200
Décors, Costumes, Frais		1re Danseuse..........	800
de Bureaux, Machi-		2me Danseuse..........	500
nistes, Employés, Éclai-		2me 1re au besoin.......	300
rage..............	2,250	3me et 2me au besoin...	200
		Mime 1re.............	200
		2me Mime.............	125
		15e fig. Corps de B., fem.	900
		Corps de Ballet, hommes.	900
		Décors, Costumes, Parti-	
		tions, frais de bureaux,	
		machinistes, employés.	4,500
		Éclairage.............	18,000
Par mois..	15,500	Par mois..	51,875
Par an : **186,000** fr.		Par an : **622,500** fr.	

Ces chiffres posés, le grand théâtre fait régulièrement un relâche par semaine, quelques relâches forcés y compris la semaine sainte, et réduit à 300 ses représentations dans l'année, mettons-les à un chiffre impossible, 1,800 fr. de moyenne par jour, voilà pour 300 représentations *cinq cent quarante mille francs* de recettes : nous voilà déjà en déficit. Mais ce n'est pas tout : sur 1,800 fr. de recettes, nous avons le droit des pauvres, 10 pour 100, *cent quatre-vingt francs*, la Société des auteurs 6 pour 100, *cent huit francs*, donc 288 fr. à prélever chaque soir sur la recette brute. Ce qui constitue, dans l'année, une somme de 86,400 fr.

Mais là n'est pas le dernier mot, — et le directeur, lui qui, sur la brèche depuis douze grands mois, a consacré ses jours, ses veilles, son expérience à maintenir l'équilibre, et la direction d'une machine dont les rouages ne sont pas si faciles à faire mouvoir qu'on se l'imaginerait, ne doit-il pas lui aussi, être rétribué ? C'est bien le moins qu'on lui accorde par mois 2,000 francs.

Donc   86,400
            24,000
            ―――――
            110,400 fr. à déduire sur les 540,000.

Mettez la subvention à 120,000 — vous trouvez un chiffre de 559,600, mais vous n'en êtes pas moins en déficit de 62,900 fr. Sur quoi jusqu'à ce jour ce déficit a-t-il porté ?

Le théâtre de drame a 186,000 fr. de dépenses, — mettons ses moyennes à 800 fr. par jour. Sur ce chiffre qui constitue 280,000 fr. nous aurons à déduire d'une part 28,000 pour le droit des pauvres, de l'autre 16,800 pour la Société des auteurs.

Donc 186,000
28,000
16,800

230,800

Reste par conséquent bénéfice net : 49,200 fr.

Dans toutes les villes où l'autorité, pour ne pas accorder plus de subsides, ou permettre au directeur d'élever le prix de ses abonnements, le théâtre de drame étant dans la même main, venait, et vient encore dans plus des deux tiers des villes, du surplus de ses recettes, combler le vide de la caisse du grand Théâtre. Était-ce juste ? et cela se pouvait-il tolérer plus longtemps ? J'en appelle à toute honnête conscience. — Si un genre ne peut suffire à ses dépenses, n'est-il pas arbitraire de prendre sur le labeur de l'un de quoi subvenir au déficit de celui qui prétend briller au détriment de l'autre ? — Cela arrive cependant, — et il y a même là, Messieurs (et en parlant ainsi, je ne m'adresse qu'aux honnêtes gens), il y a dans ce fait quelque chose qui devient une des causes les plus immorales de notre société moderne : — c'est que le genre proprement dit *dramatique*, dépouillé jusqu'à présent du droit d'exploiter seul à ses risques et périls ce qui peut honorablement le faire vivre, voit livrée, par ce fait, au dernier dénûment une partie de ses membres, à chercher dans de certaines combinaisons, qui ne sont pas toujours louables, les moyens de faire face aux premiers besoins de la vie. N'y a-t-il pas là scandale, Messieurs, je le demande aux plus sensés? — je m'adresse surtout aux autorités toujours soucieuses en ce qui touche les mœurs et la moralité, dont ils sont les dignes représentants — n'y a-t-il pas là scandale, que de voir chaque jour, à chaque instant, le besoin aux prises avec la vertu ? C'est ce qui existe cependant. L'âme la plus honnête, la mieux trempée se sent parfois défaillir, et cède, quand, abattue et fatiguée de lutter, elle ne trouve plus de refuge possible que dans la chute.

C'est là une des conséquences du monopole qui jusqu'à ce jour a tout donné à l'un et n'a rien laissé à l'autre.

A l'autorité donc est donné de remédier à ce mal. — Nous croyons lui avoir mis le doigt sur la plaie. — Ayant dans les mains tous les pouvoirs que lui confère le décret du 6 janvier, elle peut aussi largement que justement en user ; ce faisant, l'art lui devra sa régénération, l'auteur le moyen de se produire, l'artiste sa dignité, et la juste répartition de son labeur, dont on l'a frustré depuis si longtemps.

Que la société qui prétend faire vivre et soutenir un genre si dispendieux, et dont les ressources ne furent jamais en rapport avec les dépenses, reconnaisse qu'il lui faut s'imposer des sacrifices ; — qu'elle double son abonnement, ou paye chaque soir sa place au bureau ; alors on verra quelles seront les recettes, — là seulement on se rendra compte des ressources et des dépenses, et quel que soit le parti pris depuis fort longtemps de ne vouloir pas reconnaître la vérité — on ne tardera pas à être convaincu.

Jusqu'ici nous n'avons pris Bordeaux que comme point de mire de notre but, ou la preuve de ce que nous avançons, mais si nous parlions des villes de deuxième, troisième, quatrième ordre, car on chante l'opéra partout (*une ou deux fois*), on se refuserait à croire ce que nous pourrions en dire. Ainsi, dans une ville comme Angers, on *donne* à un ténor, de 1,000 à 1,200 fr. par mois; — le premier rôle de comédie et drame *gagne* 250 à 300 fr. au plus, encore l'oblige-t-on à paraître et chanter les chœurs; pourquoi? parce que le directeur, s'il engageait des choristes pour son opéra, se verrait réduit à ne pas joindre les deux bouts. Alors, sans considération pour l'acteur, sans tenir compte de sa dignité d'homme et d'artiste, venant de lui faire jouer un *Richelieu* quelconque, où le public a cru voir et entendre parler le héros lui-même, la pièce finie, notre *Richelieu* reparaît dans l'opéra, aux yeux de ce même public dont il avait séduit et charmé les yeux : il reparaît en paysan, avec de gros sabots, un bonnet de coton, et vient chanter les chœurs du *Chalet* où

> Déjà dans la plaine
> Le soleil ramène, etc., etc.

Si le public l'interrogeait, il répondrait bien que ce n'est pas le plaisir qui le ramène là.

Enfin ! est-ce donc bien digne, et cela ne fait-il pas, comme considération, autant de tort au directeur qu'à l'artiste ? aussi, réduit forcément à ce métier presque dégradant, l'artiste se décourage ; l'art en souffre, et le public aussi ; car il ne peut exiger que ce qu'on peut lui donner, et généralement, pour ne pas dire toujours, tout ce qu'on lui donne ne peut être que fort mauvais.

On nous dira peut-être que ce n'est là qu'une mesquine question d'amour-propre. A cela je répondrai : Non, point d'amour-propre ici, mais la dignité de soi-même, qui implique à chaque homme, dans quelle que soit la condition que lui fait la vie, de rester ce que la nature l'a créé : un homme ! — et ce mot renferme ici bien des phrases inutiles que chacun doit comprendre. — Donc, point d'humiliations gratuites pour les uns, au profit desquelles tant d'autres s'enorgueillissent.

Du reste, nous pouvons voir que ce qui existe dans les grandes villes se reproduit ici, en ce sens que dans les petites, là où se trouve en plus la *corvée,* sans la troupe de drame l'opéra n'aurait pas deux mois d'existence. Que l'on essaye, pour s'en rendre un compte fidèle, de faire alterner les deux genres. Quatre dimanches dans un mois, prenez-en deux exclusivement composés d'opéra et les deux autres de drame et vaudeville, essayez-en pendant seulement trois mois, vous verrez la différence des recettes ; le problème sera bientôt résolu.

Si l'on accuse l'art de tomber en décadence, donc, à qui la faute ? Ce n'est point au défaut de goût du public, mais à cette double exploitation des deux genres réunis dans la même main.

Le décret du 6 janvier 1864 vous fait donc aujourd'hui, messieurs les artistes, les libres arbitres de votre cause. — Marchez, mais marchez seuls ; — dites-vous seulement : nous ne sommes plus à l'état de l'enfance et les bourrelets et les lisières ne sont plus de notre ressort ; — dites-vous : Serions-nous restés les grands enfants de l'enfance — entendez-vous bien, de l'enfance des Socrate jouant à la clochette, — Aristote jonglant avec des globules argentés, — et de Caton faisant aller un pantin ?

De tous ces bambins qui sont devenus les héros de l'antiquité, analysant les jeux innocents, nous pourrions trouver de grandes leçons qui, si nous voulions nous appliquer à les étudier (puisque nous sommes gens d'étude), pourraient nous fournir de quoi nous connaître, — et reconnaissant ce que nous sommes, chercher enfin à nous retremper dans une eau plus claire et plus forte que la bourbe dans laquelle, depuis tant de temps, nous pataugeons à qui mieux mieux.

Allons donc ! du courage, de l'énergie, — soyons enfin les hommes de notre époque, qui arrivent à comprendre qu'il n'est point de cercle, si restreint qu'il soit, qu'on ne puisse élargir à volonté. — Agissant ainsi, vous vous ferez comme les autres votre place au soleil, sans quoi — votre existence ne restera qu'un *myctérisme*, qui ne vous permettra, quelques efforts que vous fassiez, de vous en relever jamais.

Le seul moyen de vous en affranchir est dans ces deux mots :

La séparation des deux genres. Que tous les sots amours-propres soient par vous mis de côté, — qu'une alliance offensive et défensive vous trouve tous sur la brèche, — qu'une confraternité sincère et purement fraternelle vous unisse, voilà ce qui doit vous faire atteindre le but : sinon, pour vous point de salut.

Au moment où nous mettons sous presse, il nous tombe sous la main, *le Sémaphore de Marseille,* avec un feuilleton sur la *Liberté des Théâtres* de province, signé G. Bénédit. Bien que l'auteur ne traite la question qu'au point de vue du genre lyrique, nous sommes heureux de voir que nos idées corroborent parfaitement avec les siennes. Il prouve par A plus B que l'Opéra, malgré l'énorme subvention de 250,000 fr. que la municipalité de Lyon accorde au Grand-Théâtre, ne saurait parer à ses dépenses qu'en prenant, pour combler le vide de sa caisse, sur les bénéfices réalisés par le théâtre des Célestins.—Une fois de plus, il est donc avéré par les chiffres que nous donne M. G. Bénédit que le Grand-Théâtre ne peut arriver à se soutenir,—que le théâtre des Célestins dans une seule main ferait non-seulement la fortune de son directeur, mais en même temps viendrait augmenter, ou du moins aider, au bien-être de l'artiste, et des employés, qui, eux aussi, ont jusqu'à présent été les victimes d'un tel état de choses. Car il est évident que pour maintenir l'un on prend l'autre par la famine ; — et cela est tellement vrai, que la liberté n'a pas attendu de paraître pour que de toute part on crie à la concurrence, le seul mot qui semble tant effrayer et directeurs et artistes. Cette concurrence existait, du temps du privilége, sur une aussi large et longue échelle qu'elle peut avoir lieu aujourd'hui. Le directeur à la tête d'une de ces administrations, désirant satisfaire le goût de son public, —heureux de prouver au conseil municipal que ses deniers, jusqu'au dernier, passaient dans l'exploitation, — voyant son énorme budget, — ses trop faibles ressources —se voyait obligé, engageant, ou gageant, employés ou artistes, de leur dire : Voulez-vous traiter à ce chiffre ? — Non ? — Eh bien ! j'en trouverai un autre à meilleur marché. — Car on vous marchande, là, comme on le fait sur la place de Paris, de telle ou telle denrée. — Alors, pris par le besoin, qui ne vous laisse d'autre alternative que d'accepter ou refuser, craignant de rester sans place toute l'année, — vous acceptez. — Eh bien ! n'est-ce pas là de la concurrence ? — n'est-ce pas là vous prendre par la famine ?

UNE FIGURE

Supposons un instant, pour notre affaire, ce qui se passe tous les jours dans le commerce. Voici un magasin magnifique, splendidement étalagé, garni d'étoffes et de soieries de toute sortes — nouveautés de premier choix. — A la vue, ce magasin représentait plutôt un palais qu'une maison marchande ; le luxe, le confortable, tout s'y trouve, tout est beau, grandiose, splendide. — Oui, mais ce déploiement de richesses, ce brio absorbe en frais d'employés et d'apparat plus d'un tiers brut de la vente des marchandises : — sur un objet de la valeur de 100 fr., voilà déjà — prélevé — 33 fr. 33 c., et le marchand n'a, dit-il, pour tout bénéfice, que 20 p. 100 ; le voilà en déficit de 13 fr. 33 c. ; qu'il fasse 2,000 fr. de recettes chaque jour, comptez le déficit.

Un autre, à côté, exploite à peu de chose près le même commerce, — vend à peu près les mêmes marchandises, — mais comme le luxe attire toujours le luxe, sa clientèle n'est peut-être pas de si haute lignée ; néanmoins, sauf la simplicité de l'étalage, sa marchandise n'en est pas de moins bonne qualité que chez le premier. Plus modeste en ses goûts, notre homme n'a qu'une petite boutique, ce qui n'empêche pas que le client abonde chez lui — il fait force recettes ; — ses dépenses sont en rapport avec ses ressources, et il réalise au bout de l'année en bénéfice — ce que l'autre a en déficit. — Donc, supposons que le premier — voyant que son voisin est en gain, et lui toujours en pertes, — vienne lui dire : Vous réalisez chaque année d'énormes bénéfices ; moi, — qui ne peux jamais joindre les deux bouts, — afin de rétablir l'équilibre chez moi, — partageons. — Que lui répondrait-on ? — qu'il est un fou, ou un homme mal intentionné, surtout s'il prétendait l'exiger par la force. —Voilà pourtant ce qui a eu lieu au théâtre jusqu'à ce jour — ou je me trompe fort, ou la figure est vraie et caractérisée à ce point qu'il est impossible de ne pas la reconnaître.— Sur ce, advienne que pourra — mais, ayons foi dans l'avenir.

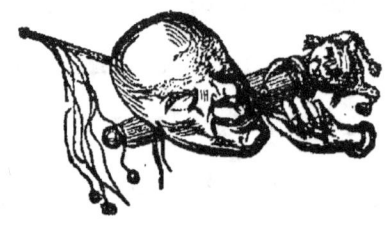

LAVAL.

Paris — Typ. Morris et Cⁱᵉ, 64, rue Amelot.

TYPOGRAPHIE MORRIS ET COMPAGNIE

64, RUE AMELOT

www.ingramcontent.com/pod-product-compliance
Lightning Source LLC
Chambersburg PA
CBHW030103230526
45471CB00003B/1235